INSTRUCTION

SUR LE SERVICE DANS LES PLACES.

A LILLE,

Chez Blocquel, Imprimeur-Libraire pour le service militaire,

MDCCCXIII.

INSTRUCTION
SUR
LE SERVICE
DANS LES PLACES.

Du service des troupes dans les Places.

ARTICLE PREMIER.

Demande. COMBIEN y a-t-il de tours de service ?

Réponse. Six, sans compter celui des travailleurs dans les sièges.

D. Quel est le premier ?

R. Les détachemens, escortes, et la garde des postes extérieurs, qui ne se relève qu'après un certain nombre de jours, et qui doit être continué en paix comme en guerre.

D. Quel est le second ?

R. La garde de la place, qui sera relevée journellement. Ce tour de service doit être continué en paix comme en guerre, d'une garnison à l'autre, et ne sera interrompu que quand les régimens entreront en campagne.

D. Quel est le troisième ?

R. Les gardes d'honneur ; il doit être continué en paix comme en guerre.

D. Quel est le quatrième ?

R. Les corvées, et sera continué en paix comme en guerre.

D. Quel est le cinquième ?

R. Les rondes, et sera continué comme le second tour.

D. Quel est le sixième ?

R. Les détachemens en mer : il ne doit jamais être interrompu, chacun devant reprendre son tour, et ne peut être commandé deux fois, à moins que ceux du même grade ne l'aient été une.

D. Les tours de service pour les gardes ou détachemens doivent-ils se reprendre ?

R. Les soldats qui se trouveront malades ou absens, ne prendront point leur tour, excepté pour les corvées, qui doivent se reprendre pour une fois seulement.

D. Lorsqu'on se trouve à marcher pour deux services différens à la fois, quel est celui qui doit avoir la préférence ?

R. Toujours le premier dans l'ordre désigné, excepté pour les détachemens en mer.

D. Quand est-ce qu'un détachement est censé fait ?

R. Lorsqu'il aura passé la dernière barrière de la place.

D. Comment doivent être distribués les postes pour les gardes ?

R. On doit les tirer au sort, et personne ne peut en prétendre d'autre que celui qui lui sera échu, ni le changer sans permission.

D. Dans un cas d'incendie ou d'alarme, si

bat la générale, que doivent faire les troupes de la garnison ?

R. Elles doivent se rallier à leur quartier le plus promptement possible, pour être à même de se porter par-tout ou besoin sera.

D. Que doit faire un officier qui trouve un sous-officier ou soldat de son régiment, ou d'un autre quelconque, dans la rue ou autre lieu, commettant quelque désordre ou scandale ?

R. Il doit le faire arrêter, ou le conduire lui-même au corps-de-garde le plus voisin, et rendre compte, s'il est de son régiment, ou en faire rendre compte s'il est d'un autre, au commandant du corps, qui ordonnera sa punition. Et l'officier qui, par complaisance ou indifférence, négligerait ce devoir essentiel, doit être sévèrement puni.

D. Lorsqu'un sous-officier ou soldat aura commis une faute grave, qui est-ce qui doit ordonner sa punition ?

R. Celui qui le trouvra en faute doit le faire arrêter, le faire mettre à la salle de discipline, et en rendre compte à son supérieur immédiat, le commandant du régiment ayant seul, dans tous les cas, le droit de juger et de prononcer sur le genre et la durée des punitions.

ARTICLE II.

De la Parade et de l'Ordre.

D. Combien doit-il y avoir de sergens et caporaux pour la parade ?

R. Un sergent et un caporal par compagnie.

D. Comment doivent-ils être conduit sur la place de la parade ?

R. Sur deux rangs formant deux pelotons, et dans le plus grand ordre.

D. Où doivent-ils se placer en arrivant ?

R. Vis-à-vis la garde, et derrière les officiers de leur régiment.

D. Dans quel ordre doivent être placés les officiers ?

R. Vis-à-vis la garde, par ancienneté du régiment, de manière que ceux du plus ancien se trouvent vis-à-vis la droite, et ceux du moins ancien vis-à-vis la gauche; et si par la disposition du terrain, ils se trouvent obligés de se placer sur le même alignement de la garde, ceux du plus ancien doivent avoir la gauche.

D. La garde ayant défilé, comment doit on donner l'ordre général ?

R. On doit faire former un cercle composé de tous les sergens et caporaux, les sergens au premier rang, et les caporaux au second.

D. Comment doit être formé ce cercle ?

R. Dans l'ordre où l'on se trouve placé au commandement : 1. *A droite et à gauche — formez le cercle.* 2. *Marche.* 3. *Reposez-vous — sur vos armes.*

D. Que doivent faire les caporaux formant le second rang du cercle ?

R. Ils doivent, aussitôt que le cercle est formé, reculer quatre pas, se remettant au chef de file du sergent de la compagnie.

D Que doivent-ils faire au troisième commandement ?

R. Ils doivent faire un demi à droite, et présenter les armes.

D. L'ordre donné, quels sont les commandemens pour rompre le cercle ?

R. 1. *Portez—vos armes.* 2. *Demi-tour à droite*, 3. *Présentez—vos armes* 4. *Marche.*

D. Que doit-on faire au commandement *marche* ?

R. Les caporaux doivent se reformer dans l'ordre où ils étaient avant de former le cercle, et les sergens aller rendre compte de l'ordre aux officiers de leur compagnie.

D. Que doivent faire ceux dont les officiers ne sont point à la parade ?

R. Ils doivent aller à leur logement ou à leur auberge, et s'ils ne les y trouvent point, leur laisser l'ordre par écrit.

D. Dans quelle position doivent-ils être quand ils rendent compte d'un ordre quelconque ?

R. Ils doivent arriver à la personne à qui ils doivent le compte, sans faire aucun salut ni inclination ; le corps bien placé, le schakos sur la tête, présenter les armes brusquement, rester dans cette position jusqu'à ce que le compte soit rendu, porter ensuite les armes par le principe prescrit, étant dispensés de faire un demi-tour à droite pour s'en retourner ; et quand ils seront porteurs de quelque ordre par écrit, ils le remettront de la main droite, tenant l'arme présentée de la main gauche.

D. Après les comptes rendus à la parade,

dans quel ordre doivent-ils s'en retourner à leur quartier?

R. Ils doivent se reformer dans l'ordre où ils étaient quand ils sont arrivés à la parade, et s'en retourner ainsi, conduit par l'adjudant.

Article III.

Du service des gardes dans leurs postes

D. Que doit faire le commandant de la nouvelle garde, lorsqu'il approche du poste qu'il doit relever ?

R. Lorsqu'il en sera à trente pas, il doit faire porter les armes, faire prendre le pas ordinaire, et faire battre aux champs.

D. Que doit faire alors le commandant de l'ancienne garde ?

R. Il doit faire prendre les armes à sa garde, faire battre aux champs, et laisser sur sa gauche la place nécessaire pour contenir la nouvelle garde.

D. Comment doit-être formée une garde ?

R. Selon le nombre d'hommes dont elle est

3

composée, si elle est composée de six, en haie; si elle est de douze, sur deux rangs; si elle est de dix-huit et plus, sur trois rangs.

D. Quelle est la place d'un officier commandant une garde?

R. Au centre de sa garde.

D. Quelle est la place d'un sous-officier?

R. Au flanc droit de sa garde.

D. Quelle doit être la première attention du caporal ou sergent de la nouvelle garde?

R. De visiter avec celui de l'ancienne, le corps-de-garde et tous les meubles qui doivent y être, et rendre compte au commandant du poste, si le tout n'est point en règle ou s'il manque quelque chose.

D. Un caporal peut-il se faire aider pour relever ou poser sentinelles?

R. Il peut se faire aider, quand cela sera nécessaire, par un appointé ou le plus ancien fusilier.

D. Que doit faire le caporal de pose avant de commencer sa première pose?

R. Il doit désigner et marquer les soldats destinés pour chaque pose, en les numérotant

D. Quels sont les commandemens pour faire rentrer une garde?

R. 1 *Demi-tour à droite.* 2 *Présentez—vos armes.* 3 *Marche.*

D Quel est le premier devoir d'un commandant de poste?

R. C'est de lire ou faire lire toutes les consignes générales, de donner ses instructions particulières à ses sergens ou caporaux, de faire l'inspection des hommes avant de les envoyer en faction, de se promener fréquemment hors de son corps-de-garde, de faire souvent l'appel de sa garde, afin d'accoutumer le soldat à sortir lestement et à se former le plus promptement possible, de tenir ses hommes dans le plus grand ordre et immobilité sous les armes.

D. Comment doit se faire la distribution des corvées de la garde ?

R. Elles doivent être tirées au sort ; et il faut que le soldat, pour les faire, soit en veste et bonnet de police, ayant sa giberne pour marque de service : il ne doit jamais rien porter sur les épaules.

D. Est-il permis à un soldat de quitter sa giberne pour se coucher sur le lit de camp ?

R. Il doit avoir toujours sa giberne et son bonnet de police, ne devant jamais se coucher avec son schakos.

D. Un commandant de poste peut-il donner à manger et à boire dans son corps-de-garde ?

R. Non, excepté à ceux qui sont de garde avec lui.

D. Peut-il donner à jouer ?

R. Il ne doit point jouer, ni laisser jouer.

D. Lorsqu'un soldat fait quelque faute légère, comment doit-il être puni ?

R. En lui faisant faire les corvées de la garde.

D. S'il se rend coupable d'une faute grave?

R. Il doit être arrêté, et l'on doit en faire rendre compte au commandant de la place et au major du régiment, ou à celui qui en fait les fonctions.

D. Un soldat de garde peut-il être arrêté sans la participation du commandant du poste ?

R. Il ne peut-être arrêté, sous aucun prétexte, sans un ordre du commandant de la place.

D. Que doit faire le caporal de pose avant d'aller poser ses sentinelles ?

R. Il doit en faire l'inspection, et les présenter au commandant du poste.

D. Les sentinelles relevées doivent-elles suivre leur caporal jusqu'à la fin de la pose?

R. Elles ne doivent point le quitter, et doivent se tenir à six pas derrière lui pendant qu'il pose une sentinelle, excepté celle de devant les armes, qui doit rentrer dès qu'elle est relevée.

D. Dans quelle position doivent être les sentinelles qui se donnent la consigne ?

R. Elles doivent se présenter les armes au commandement du caporal.

R. La consigne donnée, que doit faire le caporal ?

R. Le commandement : 1. *Portez—vos armes.* 2. *L'arme—au bras.* 3. *Marche*, pour continuer sa pose, ou pour rentrer à son poste.

D. Quelle doit être l'attention du caporal en relevant une sentinelle ?

R. De visiter sa guérite, de voir s'il n'y a point fait de dégradation, s'il n'y a point de pierre pour s'asseoir, et si les fenêtres ne sont point bouchées.

D. Que doit faire le caporal en rentrant à son poste ?

R. Il doit rendre compte de sa pose au commandant du poste.

D. Quel est le devoir général d'une sentinelle ?

R. De ne jamais quitter ses armes, de ne point s'asseoir, lire, chanter, siffler, ni parler à personne sans nécessité; de ne point s'éloiguer, en se promenant, à plus de trente pas de sa guérite; de ne laisser faire aucune ordure ni dégradation autour de son poste; de suivre exactement sa consigne; de ne rester dans sa guérite que quand il fait mauvais tems, sur-tout pendant la nuit, et de ne pas se laisser approcher de trop près.

D. Quels honneurs doivent les sentinelles?

R. Porter les armes pour une troupe armée qui passera à portée d'elles, pour tout officier quelconque, et présenter les armes pour tous les officiers-généraux; le commandant et le major de la place, et pour tous les officiers supérieurs de leur régiment.

D. Que doit faire la sentinelle lorsqu'elle voit ou entend quelque querelle autour de son poste?

R. Elle doit crier *à la garde*; ce qui doit être répété de sentinelle en sentinelle, jusqu'à ce que cela parvienne au poste.

D. Que doit faire une sentinelle si elle apperçoit un incendie?

R. Elle doit crier *au feu*, pour que cela parvienne jusqu'au poste.

D. Que doit faire un commandant de poste, lorsqu'il apperçoit un incendie, ou qu'on l'avertit que le feu est quelque part?

R. Il doit envoyer un caporal et deux fusiliers, pour voir s'il est dangereux.

D. Si le feu paroît considérable au caporal, que doit-il faire?

R. Il doit rester au lieu de l'incendie, et faire avertir de suite le commandant du poste.

D. Que doit faire alors le commandant du poste?

R. Il doit envoyer du rènfort pour empêcher le désordre, et faire avertir le commandant de la place, le major du régiment et le commandant du poste de la place d'armes.

D. Que doit faire alors le commandant du poste de la place d'armes?

R. Il doit envoyer un détachement proportionné à la force de sa garde.

D. Que doit faire ce détachement lorsqu'il est arrivé du renfort des troupes de la garnison?

R. Il doit se retirer à son poste, à moins qu'il ne reçoive un ordre contraire.

D. Que doivent faire les commandans de garde pendant la durée du feu?

R. Ils doivent tenir la moitié de leur garde sous les armes alternativement, jusqu'à ce que les troupes de la garnison soient rentrées à leur quartier.

D. Que doivent faire, en cas d'alarme ou d'incendie, les commandemens de garde aux portes?

R. Ils doivent faire fermer sur-le-champ les barrières, lever les ponts-levis de l'avancée, et en donner avis au commandant de la place.

D. Quelles précautions doit prendre un commandant de poste à qui on demande main-forte?

R Il doit commencer par la donner, retenir ensuite à son corps-de-garde celui qui l'a demandée, et en faire rendre compte au commandant de la place.

D. Que doit faire une sentinelle de devant les armes pour avertir que la garde doit prendre les armes?

R. Elle doit crier *aux armes*.

D. Si la garde doit sortir sans armes?

R. Elle doit crier *hors la garde*.

D. Que doit faire une sentinelle de l'avancée lorsqu'elle découvre une troupe armée?

R. Elle doit fermer la barrière et appeler la garde; et si cette troupe est à portée, elle doit crier: *qui vive, de quel régiment*? Et dès qu'on lui aura répondu, elle doit crier; *halte-là. Caporal, venez reconnaître*.

D. Que doit faire alors le commandant du poste?

R. Il doit faire prendre les armes à sa garde, et envoyer reconnaître par un caporal et quatre fusiliers.

D. Que doit faire ce caporal lorsqu'il sera à portée d'être entendu ?

R. Il doit faire présenter les armes, crier : *qui vive ? de quel régiment ? halte-là* ; s'assurer si la barrière est fermée, et aller en rendre compte au commandant du poste.

D. Que doit faire alors le commandant du poste ?

R. S'il n'a point d'ordre de faire entrer ladite troupe, il en fera rendre compte au commandant de la place, et attendra ses ordres, sa garde sous les armes.

D. Lorsqu'il aura ordre de la laisser entrer, que doit-il faire ?

R. Il enverra le même caporal dire que l'on peut entrer.

D. Que doit faire ce caporal ?

R. Après avoir reconnu comme il est dit

ci-dessus, il droit crier: *Quand il vous plaira.*

D. S'il se présente des déserteurs des puissances étrangères pour entrer, que doit faire le commandant du poste ?

R. Il doit les faire désarmer, ne point souffrir qu'ils parlent à personne, et les faire conduire au corps-de-garde de la place.

D. Quelle attention doit avoir un commandant de poste pour les ordonnances, rapports ou reconnaissances ?

R. C'est de choisir, autant qu'il sera à sa connoissance, les hommes les plus int lligens, les plus actifs et les meilleurs sujets.

D. Quel est le devoir des sentinelles aux portes, pour les voitures ?

R. De ne point souffrir qu'aucune voiture s'arrête sur les ponts-levis, grilles ou herses; empêcher de galopper sur les ponts-levis, et empêcher l'engorgement des voitures; c'est à-dire, que lorsqu'il se présentera une voiture pour entrer et une pour sortir, il criera à la moins avancée : *halte-là*, et lui criera, *marche*, quand l'autre sera sortie ou entrée.

D. Quel est le poste chargé de la police de la place ?

R. Celui de la place d'armes.

D. Que doivent faire les commandans des autres postes, lorsqu'ils ont fait arrêter quelqu'étranger, gens sans aveu, soldats ou habitans commettant du désordre ?

R. Ils doivent les faire conduire au poste de la place d'armes.

D. Quel est le devoir de ceux qui sont chargés de les conduire?

R. C'est de prendre toutes les précautions nécessaires pour qu'ils ne s'échappent point, devant en répondre personnellement.

D. Un commandant de poste peut-il permettre à un homme de sa garde de s'absenter de son poste ?

R. Il ne le peut sous aucun prétexte, à moins que ce ne soit pour le bien du service.

D. Comment les officiers ou sous-officiers doivent-ils descendre la garde ?

R. Comme ils ne peuvent, sous aucun prétexte, la descendre avant que toutes leurs sentinelles ne soient rentrées, ils feront former leur garde dans l'ordre prescrit, en faisant les commandemens : 1. *Portez — vos armes*. 2 *Marche*; et lorsqu'ils seront à cinquante pas ou environ, ils feront les commandemens nécessaires pour remettre la baïonnette et porter l'arme au bras. Si c'est un officier, il ordonnera à son sergent de ramener la garde au quartier ; si c'est un sous-officier, il la ramenera lui-même, étant tenu de la conduire dans le meilleur ordre et dans le plus grand silence, sous peine de punition.

ARTICLE IV.

Des honneurs que doivent les gardes.

D. Quels honneurs doit-on au St. Sacrement ?

R. La garde doit prendre les armes, mettre

le genou en terre, incliner la tête, porter la main droite au chapeau, mais rester couvert; le tambour doit battre aux champs; l'officier doit se mettre à la tête de sa troupe, saluer de l'épée, porter la main gauche au chapeau, mais rester couvert (1).

D. Pour leurs Majestés impériales?

R. La garde prendra les armes et les présentera; le tambour battra aux champs; l'officier saluera de l'épée; les sentinelles présenteront les armes.

D. Pour les Princes français et les grands dignitaires de l'Empire?

R. La garde prendra les armes et les portera; le tambour battra aux champs, les sentinelles présenteront les armes.

D. Pour les Ministres, les Maréchaux d'Empire et les grands Officiers civils?

---

(1) Il sera fourni du premier poste devant lequel passera le S. Sacrement, au moins deux fusiliers pour escorte. Ces fusiliers, qui seront relevés de poste en poste, marcheront couverts près du S. Sacrement, l'arme dans le bras droit.

R. De même que pour les princes français.

D. Pour les généraux de division employés?

R. La garde doit prendre et porter les armes, le tambour rappeler; les sentinelles présenter les armes.

D. Pour les généraux de brigade employés?

R La garde prendra et portera les armes; le tambour sera prêt à battre; les sentinelles présenteront les armes.

D. Pour les adjudans commandans?

R. Les sentinelles présenteront les armes; s'ils commandent dans le département, la garde se mettra en bataille et se reposera sur les armes.

D. Pour les commandans d'armes dans le lieu de leur résidence?

R. La garde doit se mettre en bataille et se reposer sur les armes. Les sentinelles doivent leur présenter les armes.

D. Pour les inspecteurs généraux des troupes?

R. Ils recevront les honneurs dûs à leur grade, pendant la durée de leur inspection.

D. Pour les inspecteurs et sous-inspecteurs aux revues ?

R. Les sentinelles porteront les armes.

D. Pour les commissaires des guerres ?

R. Les sentinelles porteront les armes.

D. Pour les officiers supérieurs ?

R. Les sentinelles présenteront les armes.

D. Pour les officiers de tous grades ?

R. Les sentinelles porteront les armes.

D. Pour les membres de la légion d'honneur ?

R. Les sentinelles présenteront les armes aux Grands-Officiers et aux Commandans ; elles les porteront pour les Officiers et les Légionnaires.

D. Pour les Préfets revêtus de leur costume ?

R. Les sentinelles porteront les armes.

D. Pour les Evêques ?

R. La garde doit se mettre sous les armes ; le tambour doit rappeler ; les sentinelles doivent présenter les armes.

D. Pour les Cours de justice et les Municipalités en corps?

R. La garde prendra et portera les armes pour les Cours d'appel, et se reposera dessus pour les autres autorités.

D. Quels honneurs doivent les gardes et les sentinelles pendant la nuit?

R. Elles n'en doivent d'aucune espèce à personne après le coucher du soleil ou la retraite battue.

Article V.

Du mot d'ordre.

D. A quelle heure donne-t on ordinairement le mot d'ordre?

R. Tous les soirs après la fermeture des portes, sur la place d'armes, vis-à-vis le poste de ladite place.

D. Que doit faire le commandant du poste quand on battra l'ordre?

R. Il doit envoyer un caporal et six fusiliers, qui doivent se placer à quatre pas à l'entour du cercle, et présenter les armes en déhors.

D. Par qui doit être composé ce cercle ?

R. Par un sous-officier ou une ordonnance de chaque poste.

D. Comment doit-on donner et recevoir le mot d'ordre au cercle ?

R. En commençant par le premier sergent, qui doit le faire passer par sa gauche, jusqu'à ce qu'il revienne à l'officier major qui l'a donné.

D. Comment les sous-officiers doivent-ils rendre ce mot aux commandans des postes ou à qui de droit ?

R. L'arme au bras droit, donner le mot à l'oreille, et le faire répéter.

D. Comment doit-on recevoir ce mot ?

R. Chapeau bas, le tenant de la main droite, le bras alongé dans toute sa longueur, et sur le côté.

D. A qui doit-on encore le mot d'ordre, et par qui doit-il être porté ?

R. Il doit être porté à l'ingénieur en chef,

au commandant de l'artillerie et aux commissaires des guerres, par le sergent du poste de la place, ou par celui du poste qui sera le plus voisin de leur logement.

Article VI.

De la fermeture des portes.

D. A quelle heure doit-on fermer les portes?

R. Une demi-heure après le coucher du soleil.

D. A quelle heure le tambour doit-il monter sur le parapet pour y battre la retraite?

R. Une heure avant la fermeture.

D. Par qui doit-on envoyer chercher les clefs?

R. Par le portier, escorté de deux fusiliers.

D. S'il n'y a point de portier?

R. Par un fusilier et un soldat sans armes.

D. Que doit faire le commandant du poste dès que l'on sera parti pour aller chercher les clefs?

R. Détacher un caporal avec deux ou quatre fusiliers, à la première barrière, pour examiner tout ce qui pourrait s'y présenter.

D. Lorsque les clefs sont arrivées que, doit-on faire ?

R. On doit faire prendre les armes à la garde, et attendre l'officier-major de la place, ou celui préposé pour la fermeture.

D. Lorsqu'il sera arrivé, que doit faire le commandant du poste ?

R. Porter sa garde près de la porte, la partager en double haie, lui faire présenter les armes, faire avancer deux fusiliers jusque sur le pont-levis, en donner deux autres pour l'escorte des clefs, fournir les soldats nécessaires pour aider aux manœuvres, ayant leurs armes en bandoulière, et envoyer le caporal de consigne avec un fallot pour éclairer celui qui ferme les portes à clefs.

D. Que doit faire le tambour pendant le temps de la fermeture ?

R. Il doit battre aux champs sur le parapet du rempart, excepté dans le cas où l'on ferait ouvrir ou fermer les portes pendant la nuit, ne devant battre ni avant ni après la fermeture.

D. Comment doit-on rapporter les clefs?

R. Dans le même ordre où l'on aura été les chercher.

D. Le commandant du poste peut-il prendre sur lui de faire ouvrir les portes pendant la nuit, supposant que les clefs lui soient confiées?

R. Il ne le peut sous aucun prétexte, sans un ordre du commandant de la place, ou une permission particulière ou générale.

ARTICLE VII.

Des Rondes et Patrouilles.

D. Les officiers peuvent-ils faire leur ronde à cheval?

R. Non, à moins d'une permission particulière du commandant de la place.

D. De qui doivent prendre le mot d'ordre les officiers ou sergens avant de commencer leur ronde?

R. Du sergent du poste où ils doivent la commencer.

D. Qui est-ce qui doit porter le fallot des officiers ?

R. Un soldat du premier poste où ils commencent leur ronde.

D. Qui est-ce qui doit porter celui des sergens ?

R. Eux-mêmes, étant tenus de le rapporter où ils l'auront pris.

D. Quel est le devoir des officiers de ronde ?

R. De parcourir exactement le terrain qui leur est prescrit, d'examiner si les sentinelles sont exactes à leur faction, s'il n'en manque point ; et s'ils trouvent quelque chose contre la règle et le bon ordre, en prévenir le commandant du poste le plus voisin.

D. Que doivent-ils faire s'ils trouvent quelques sentinelles en faute ?

R. Ils doivent en avertir ou faire avertir le commandant du poste d'où elle sera.

D. Quel est le devoir des patrouilles ?

D. D'empêcher le désordre et d'arrêter ceux qui le commettent, d'entrer dans les endroits où elles entendront du bruit, d'arrêter tous les soldats qu'elles trouveront dans les rues après la retraite sans permission; de voir si les sentinelles qui sont sur leur route sont vigilantes, et de suivre exactement les instructions particulières du commandant de la place, ou de qui de droit.

D. Comment doit-on donner et recevoir le mot d'ordre pour les rondes et patrouilles?

R. La main sur la garde de l'épée ou sabre sans ôter le schakos.

D. Que doit faire une sentinelle de devant les armes, lorsqu'elle apperçoit une ronde ou patrouille?

R. Elle doit présenter les armes, et crier: *Qui vive?*

D. Que doit-elle faire lorsque la ronde ou patrouille se sera annoncée?

R. Elle doit crier: *Halte-là: caporal, hors la garde*, en expliquant si c'est une ronde ou patrouille qui passe.

Q. Que doit faire alors le caporal ?

R. S'il ne commande point le poste, il doit en avertir le commandant.

D. Que doit faire alors le commandant du poste ?

R. Il doit faire reconnaître la ronde.

D. Par qui doit-il la faire reconnaître ?

R. Par le caporal de consigne.

D. Que doit faire alors ce caporal ?

R. Il doit s'avancer à la sentinelle, se faisant éclairer par un soldat, présenter les armes, et crier : *Qui vive* ? Et quand on lui aura répondu, et qu'il aura reconnu la ronde, il doit crier : *Avance qui a l'ordre.*

D. Si ce n'est point le véritable mot, que doit-il faire ?

R. Il ne doit point laisser passer la ronde, ni mettre le marron.

D. Comment doit être reçu le commandant de la place, faisant sa ronde?

R. La garde doit prendre les armes ; et après avoir été reconnu de la manière ci-dessus, le commandant du poste doit s'avancer à dix pas en avant de sa garde, éclairé par le caporal de consigne, et escorté par quatre fusiliers, présentant les armes à deux pas derrière lui ; il doit ensuite crier : *Avance à l'ordre.* Et lorsque celui qui fait la ronde se sera approché de lui, il lui donnera le mot de la manière prescrite.

D. Comment doit être reçu le major de la place ?

R. Comme la ronde du commandant de la place, excepté que le commandant du poste ne s'avancera qu'à quatre pas, et ne sera escorté que de deux fusiliers.

D. Si le major fait plusieurs rondes, comment doit-il être reçu après la première ?

R. Comme une simple ronde, et il doit donner le mot.

D. Comment doivent être reçus les officiers supérieurs de visite des postes pendant la nuit ?

R. Comme le major de la place à sa première ronde.

D. Que doit faire une sentinelle devant laquelle il passe une ronde ou patrouille ?

R. Elle doit crier : *Qui vive* ? et présenter les armes jusqu'à ce que cette ronde ou patrouille l'ait dépassée.

D. Que doivent faire les rondes ou patrouilles qui se rencontrent ?

R. La première qui découvre l'autre doit crier : *Qui vive* ? et s'étant reconnues réciproquement lorsqu'elles se joignent, l'officier ou le sous-officier du grade inférieur, ou celui du régiment le moins ancien, doit donner le mot à l'autre.

Article VIII.

De l'ouverture des portes.

D. A quelle heure doit-on ouvrir les portes ?

R. Une demi-heure avant le lever du soleil.

D. Que doit faire le tambour avant l'ouverture ?

R. Il doit monter sur le parapet une demi-heure avant, y battre la diane, et battre aux champs pendant l'ouverture.

D. Que doit faire le commandant du poste lorsqu'il aura envoyé chercher les clefs ?

R. En attendant leur arrivée, il doit faire prendre les armes à sa garde, et la disposer de la même manière qu'il a été prescrit pour la fermeture des portes.

D. Que doit-on faire à mesure que l'officier major passe les ponts-levis et barrières, pour arriver à la plus avancée ?

R. On doit lever les ponts sur lui, et fermer les barrières jusqu'à ce qu'il rentre, ayant fait sa découverte.

D. S'il se présente quelqu'un pour entrer ou sortir avant l'entière ouverture, que doit-on faire ?

R. Il faut le faire tenir à trente pas de la porte ou de la barrière, jusqu'à l'entière ouverture.

ARTICLE IX.

Des hôpitaux militaires.

D. Qui est-ce qui est chargé spécialement de la police et de l'inspection des hôpitaux?

R. Les commissaires des guerres.

D. Quel est le devoir des officiers de visite d'hôpital?

R. De se trouver exactement aux heures de la distribution, de goûter le bouillon et les alimens, pour s'assurer s'ils sont bons, et s'ils ont la qualité prescrite et convenable aux malades; d'examiner si ceux-ci sont tenus proprement, s'ils n'ont aucun sujet de plainte, et s'ils en ont, les officiers de visite doivent en rendre compte au commandant de la place et au major du régiment.

D. Quel est le devoir des sergens de planton à l'hôpital?

R. De se tenir dans les salles des malades, d'assister à toutes les distributions, de veiller sur les malades, de s'assurer qu'ils prennent les remèdes ordonnés, d'examiner les sujets de plainte, et d'en rendre compte aux commissaires des guerres et au major du régiment; de veiller sur les sentinelles, de ne laisser entrer d'autres alimens que ceux ordonnés par le médecin, de s'assurer si le sergent commandé pour promener les malades les ramène tous, et de les fouiller en entrant, pour voir s'ils ne portent rien contre l'ordre donné.

D. Quel est le devoir du sous-officier commandé pour la promenade des malades?

R. De passer le moins possible dans la ville, de ne leur rien laisser acheter, de les empêcher de boire de l'eau, de les ramener en règle, et de rendre compte de ceux dont il n'aurait point été content.

ARTICLE X.

Des Prisons militaires.

D. Quels meubles doit-il y avoir dans les chambres destinées pour les officiers?

. Un lit garni, une table, une chaise, un
ndelier et un pot à l'eau : ces meubles et
ensiles doivent être fournis au dépens du
vernement, étant expressément défendu
geolier d'en louer ou d'en laisser entrer
utres.

D. Est-il permis d'aller voir les officiers
prison?

R. Qui que ce soit ne peut les visiter sans
e permission par écrit du commandant du
giment, visée par le commandant de la
ice.

D. Quels sont les meubles pour les cham-
es des sous-officiers et soldats?

R. Des bois de lits et des baquets.

D. Les sous-officiers doivent-ils être sépa-
s des soldats.

R. Ils doivent avoir des chambres particu-
ères, n'ayant aucune communication avec
lles des soldats.

D. Combien doit-on fournir de paille à
naque sous officier ou soldat?

R. Une botte du poids de douze livres, doit être renouvelée tous les huit jours.

D. Quelle doit être la nourriture des so officiers ou soldats prisonniers?

R. Ils doivent être au pain et à l'eau, et leur sera donné chaque jour, indépenda ment de la ration fournie par le gouvern ment, une livre de pain de plus, dont la d pense sera prise sur la solde.

D. A quoi doit être employé le surplus la solde?

R. Il doit être porté en supplément prêt de chaque compagnie; celle des serge aux sergens, celles des caporaux aux capo raux, etc.

- *D.* Que doit faire le geolier lorsque quel que prisonnier se plaint d'être malade?

R. Il doit en faire avertir sur-le-champ u sergent de la compagnie dont est le prison nier; ce sergent doit avertir le chirurgien major du régiment, qui sera obligé d'aller aussitôt visiter le malade, et s'il se trouv

lans le cas d'aller à l'hôpital, il doit en ren-
ire compte au major dudit régiment, qui
era demander au commandant de la place la
ermission de l'y faire conduire.

D. Comment doit-il être conduit à l'hô-
ital ?

R. Par un sergent de la compagnie; et si
prisonnier est criminel, il sera escorté par
n caporal et quatre fusiliers dudit régiment,
l sera gardé jour et nuit par une sentinelle
lacée à côté de son lit, qui sera relevée toutes
s heures.

D. Le geolier peut-il laisser entrer d'autres
limens pour les prisonniers que du pain et
e l'eau?

R. Non, sous peine d'être chassé; lui étant
éfendu, sous la même peine, de vendre ou
onner auxdits sous-officiers et soldats au-
une espèce d'aliment ou boisson.

D. Quelle est la paie du geolier pour la
rtie de chaque prisonnier ?

R. Il lui est défendu de rien prendre pour

l'entrée, et il lui sera payé un demi-jour de solde pour la sortie.

D. Quel est le devoir des officiers de visite de prison ?

R. De vérifier si la police y est exercée, si le geolier exécute ce qui lui est ordonné, s'il n'y a point de plaintes des prisonniers; et, s'il y en a, en rendre compte au commandant de la place et au major du régiment.

FIN.

www.ingramcontent.com/pod-product-compliance
Ingram Content Group UK Ltd.
Pitfield, Milton Keynes, MK11 3LW, UK
UKHW021035180726
13838UKWH00004B/1813